56
724

CAMP DE CHALONS.

1858.

Tout exemplaire qui ne sera pas signé et numéroté d'ordre de la main de l'auteur sera réputé contrefait.

CAMP DE CHALONS.

ATTILA, roi des Huns. — NAPOLÉON III, empereur des Français.

LA BARBARIE ET LA CIVILISATION

ou

LE CAMP D'ATTILA ET LE CAMP DE NAPOLÉON III

(Dans les champs catalauniques ou plaines de Châlons),

V^e ET XIXe SIÈCLES,

D'après Ammien Marcellin, Sidoine Appollinaire, Jornandès, Procope, Amédée Thierry, Henri Martin, etc.

TERMINÉ PAR UN MOT SUR NAPOLÉON Ier,

Et orné du plan des Camps d'ATTILA et de CHALONS et des Portraits d'ATTILA et de NAPOLÉON III.

OUVRAGE DÉDIÉ A LA FRANCE ET A L'ARMÉE,

Par M. ADOLPHE GUERARD, homme de lettres,

Membre de plusieurs Sociétés savantes, auteur de la GÉOGRAPHIE SYNOPTIQUE DE LA FRANCE ET DE SES COLONIES.

Prix : 1 franc.

> Les grands hommes ont toujours une grande influence sur les générations qui les suivent, quoique cette influence soit souvent niée et combattue.
> (Œuvres de Napoléon III, Lettre à M. Thayer, 1er vol.)

CHALONS-SUR-MARNE,

EUGÈNE LAURENT, Imprimeur – Libraire – Éditeur,
14—16, rue d'Orfeuil.

1858.

Certains noms, dit un célèbre historien moderne, durent leur gloire à l'admiration, d'autres à la peur; mais admiration ou peur, quel que soit le sentiment qui confère à un homme l'Immortalité, ce sentiment, on peut en être sûr, ne s'adresse qu'au génie. Il faut avoir ébranlé bien violemment les fibres du cœur humain pour que les oscillations s'en perpétuent ainsi à travers les âges.

ATTILA, roi des Huns.

Attila, barbare, sans religion ni culte, dont le nom s'est conquis une place dans la mémoire du genre humain, qui ôsait, dans le délire de ses rêves insensés, inscrire sur ses bannières : « Attila, fléau de Dieu! » et se proclamer lui-même l'envoyé du Ciel pour châtier les crimes de la terre ; Attila qui s'enivra de carnage, couvrant le monde d'un voile de sang, laissant partout des ténèbres sur des ruines; ATTILA, dont le caractère orgueilleux et féroce est peint dans ce mot digne de lui : L'HERBE NE CROÎT PAS OU MON CHEVAL A PASSÉ ; Cet ATTILA doit sa sinistre gloire moins encore au mal qu'il a fait qu'à celui qu'il pouvait faire et dont l'univers est resté épouvanté.

ATTILA, qui échoua devant Orléans, qui fut battu par nos pères devant Châlons, qui épargna Rome à la prière d'un prélat et qui périt victime de la main d'une femme, a laissé après lui un nom populaire, synonyme de RENVERSEMENT et DESTRUCTION.

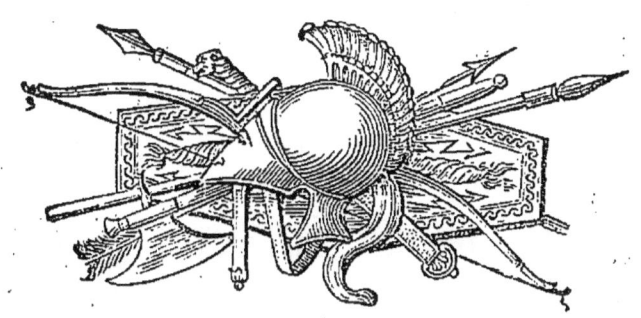

NAPOLÉON III, Empereur des Français.

Napoléon III, civilisateur, chrétien et catholique, homme au caractère flegmatique des régions du nord uni à la chaleur et à l'habileté des contrées du midi; Napoléon III, qu'une volonté persévérante conduit invariablement et invinciblement à son but; Napoléon III, à l'oreille duquel une mère avait dit le mot des prophétesses de Macbeth : Tu seras Roi, lui qui ne concevait pas que la vie valût quelque chose, à moins que d'être Empereur des Français; Napoléon III, dont la pensée a été presque immobilisée dans une sorte d'idée fixe : la reconstitution de l'Empire, mais dont cette idée napoléonienne fut sans volonté de guerre; Napoléon III, esprit véritablement politique et organisateur, écoute et entend la voix éclatante du génie de la France qui lui dicte et lui dictera toujours de grandes, de belles, de saintes choses; Napoléon III a bâti des cités ouvrières, reconstruit Paris, fait la guerre pour l'honneur du drapeau français, fait la paix pour le bien public et la paix de l'Europe, la paix pour le commerce et l'industrie.

Napoléon III fait sans cesse appel aux sentiments nobles, aux actions généreuses, et poursuit, sans relâche, de toutes les facultés de son âme, le triomphe de la raison, la puissance de la vérité et le règne de la justice.

Napoléon III doit laisser après lui, quand les rancunes des guerres civiles, les haines des partis, les passions politiques de tout genre, se seront abîmées dans ce mélancolique Passé qui ressemble à la paix des tombeaux, Napoléon III laissera un nom populaire, synonyme d'Homme de paix et de Libérateur des peuples.

LA BARBARIE.

L'espèce humaine est originaire des bords de l'Euphrate. C'est du centre de l'Asie méridionale que sont partis tous les essaims qui peuplent aujourd'hui les diverses contrées du globe. Chaque famille, chaque tribu prit une direction différente.

Les Huns, Huni ou Chuni, fameux peuple barbare, étaient, selon l'opinion commune, d'origine asiatique et de race mongole, et ne différaient point des Hiong-Nou qui, partis des contrées situées au nord du désert de Kobi, soumirent les Mandchoux, dévastèrent les provinces septentrionales de la Chine, forcèrent les Chinois à élever la Grande muraille, vers l'an 210 avant l'ère chrétienne, et firent, malgré cet obstacle, la conquête de l'Empire Chinois, d'où ils ne furent chassés que quatre-vingt-dix ans après Jésus-Christ.

Affaiblis par de longues guerres et par des discordes intestines, décimés par une famine, ces peuples se voyant obligés d'abandonner les steppes de la Tartarie, durent diriger leurs courses vers l'Occident, seule issue désormais ouverte à leur turbulente et inquiète activité.

Quoiqu'il en soit, les Huns ne commencent à figurer dans l'histoire de l'Europe qu'à la fin du IVe siècle. A cette époque, c'était déjà une très célèbre confédération qui s'étendait tout le long de l'Oural et de la mer Caspienne, comme une barrière vivante entre l'Asie et l'Europe, appuyant une de ses extrémités contre les montagnes de la Médie, tandis que l'autre allait se perdre, à travers la Sibérie, dans les régions désertes du Pôle.

Les Huns se divisaient en deux grands corps de nation : la Branche Orientale ou Caspienne portait le nom de Huns blancs, qui, selon Procope (1), avaient la peau blanche et le visage nullement difforme, par opposition à la branche OCCIDENTALE ou Ouralienne, dont Jornandès (2) nous représente les tribus comme basanées ou plutôt noires. Ce sont les derniers qui sont plus spécialement connus sous le nom de HUNS.

Ces deux branches de la même confédération n'avaient, à cette époque, que des liens très lâches et presque brisés.

Les Huns vivaient de chasse, de vol et du produit de leurs troupeaux. Le Hun blanc détroussait les marchands dont les caravanes se rendaient dans l'Inde ou en revenaient;

---

(1) PROCOPE, historien grec, de Césarée en Palestine, tint école de rhétorique à Constantinople, suivit Bélisaire comme secrétaire en Asie, en Afrique, en Italie, devint sénateur et préfet de Constantinople en 562, et mourut vers 565. On croit qu'il était chrétien. Tous ses ouvrages, parmi lesquels une *histoire de son temps,* sont extrêmement précieux pour qui cherche les faits et non les jugements qu'il en porte.

(2) JORNANDÈS, historien, Goth de nation, et notaire du roi des Alains, embrassa le christianisme et devint évêque de Ravenne, vers l'an 552. Il a composé plusieurs ouvrages entre autres *l'histoire des Goths,* qui va jusqu'au règne de Vitigès, lequel fut d'abord un des plus illustres généraux de Théodoric Ier, que Bélisaire mena en triomphe à Constantinople en 540, et qui mourut en 543.

le Hun noir chassait la martre, le renard et l'ours dans les forêts de la Sibérie, et faisait le commerce des pelleteries sous des halles en bois construites près du Jaïk ou du Volga, et fréquentées par les trafiquants de la Perse et de l'empire romain, où les fourrures étaient recherchées. Cependant ce n'était qu'avec crainte qu'on se hasardait à travers ces peuplades sauvages dont la laideur était repoussante. L'Europe, qui n'avait rien vu de tel parmi ses enfants, les vit arriver avec autant d'horreur que de surprise.

Voici, d'après Ammien Marcellin (1), leur portrait, surtout des Huns noirs ou de la branche occidentale :

---

(1) *Ammien Marcellin*, historien latin du IVe siècle, né à Antioche vers 320, mort à Rome vers 390, fit longtemps la guerre en Germanie, dans les Gaules, et accompagna l'empereur Julien dans son expédition en Perse. Il quitta le métier des armes et vint s'établir à Rome, où il composa une *Histoire des Empereurs romains*, depuis Nerva jusqu'à Valentinien, en 31 livres, dont les 13 premiers sont perdus. Le style de cette histoire se ressent de la barbarie du temps ; mais l'ouvrage jouit d'une grande autorité, parce que l'auteur rapporte, surtout dans ses derniers écrits, ce qu'il avait vu lui-même. Il parle avec tant de modération du christianisme et du paganisme, que l'on ne peut deviner par ses écrits quelle religion il professait.

« Les Huns dépassent en férocité et en
» barbarie tout ce qu'on peut imaginer de
» barbare et de sauvage. Ils sillonnent pro-
» fondément avec le fer les joues de leurs
» enfants nouveau-nés, afin que les poils de
» la barbe soient étouffés sous les cicatri-
» ces ; aussi ont-ils, jusque dans leur vieil-
» lesse, le menton lisse et dégarni comme des
» eunuques. Leur corps trapu, avec les mem-
» bres supérieurs énormes et une tête déme-
» surément grosse, leur donne une appa-
» rence monstrueuse. Vous diriez des bêtes
» à deux pieds, ou quelques-unes de ces
» figures en bois mal charpentées dont on
» orne les parapets des ponts. Au demeu-
» rant, ce sont des êtres qui, sous la forme
» humaine, vivent dans l'état des animaux.
» Ils ne connaissent pour leurs aliments ni
» les assaisonnements, ni le feu ; des racines
» de plantes sauvages et la viande mortifiée
» entre leurs cuisses et le dos de leurs che-
» vaux, voilà ce qui fait leur nourriture. Ja-
» mais ils ne manient la charrue ; ils n'ha-
» bitent ni maisons, ni cabanes, car toute

» enceinte de muraille leur paraît un sé-
» pulcre, et ils ne se croiraient pas en sûreté
» sous un toît. Toujours errants par les mon-
» tagnes et les forêts, changeant perpétuel-
» lement de demeures, ou plutôt n'en ayant
» point, ils sont rompus dès l'enfance à tous
» les maux, au froid, à la faim, à la soif.
» Leurs troupeaux les suivent dans leurs mi-
» grations, traînant des charriots où leur
» famille est renfermée. C'est là que les
» femmes filent et cousent les vêtements des
» hommes; c'est là qu'elles reçoivent les
» embrassements de leurs maris, qu'elles
» mettent au jour leurs enfants, qu'elles les
» élèvent jusqu'à la puberté. Demandez à
» ces hommes d'où ils viennent, où ils ont
» été conçus, où ils sont nés, ils ne vous le
» diront pas, ils l'ignorent. Leur habillement
» consiste en une tunique de lin et une ca-
» saque de peaux de rats sauvages cousues
» ensemble. La tunique est de couleur sombre
» et leur pourrit sur le corps; ils ne la
» changent point qu'elle ne les quitte. Un
» casque ou un bonnet déjeté en arrière et

» des peaux de bouc roulées autour de leurs
» jambes velues complètent leur équipage.
» Leur chaussure, taillée sans forme ni me-
» sure, les gêne à ce point qu'ils ne peuvent
» marcher, et ils sont tout-à-fait impropres
» à combattre comme fantassins, tandis qu'on
» les dirait cloués sur leurs petits chevaux,
» laids, mais infatigables et rapides comme
» l'éclair. C'est à cheval qu'ils passent leur
» vie, tantôt à califourchon, tantôt assis de
» côté, à la manière des femmes. Ils y
» tiennent leurs assemblées, ils y achètent
» et vendent, ils y boivent et mangent, ils y
» dorment même inclinés sur leurs mon-
» tures. Dans les batailles, ils se précipitent
» sans ordre et sans plan, sous l'impulsion
» de leurs différents chefs, et fondent sur
» l'ennemi en poussant des cris affreux.
» Trouvent-ils de la résistance, ils se dis-
» persent, mais pour revenir avec la même
» rapidité, enfonçant et renversant tout sur
» leur passage. Toutefois, ils ne savent ni
» escalader une place forte, ni assaillir un
» camp retranché. Rien n'égale l'adresse

» avec laquelle ils lancent, à des distances
» prodigieuses, leurs flèches armées d'os
» pointus, aussi durs et aussi meurtriers
» que le fer. Ils combattent de près avec une
» épée qu'ils tiennent d'une main et un filet
» qu'ils ont de l'autre, et dont ils enveloppent
» leur ennemi, tandis qu'il est occupé à
» parer leurs coups. Les Huns sont incons-
» tants, sans foi, mobiles à tous les vents,
» tout à la furie du moment. Ils savent aussi
» peu que les animaux ce que c'est qu'hon-
» nête et déshonnête. Leur langage est
» obscur, contourné et rempli de méta-
» phores. Quant à la religion, ils n'en ont
» point, ou plutôt ils ne pratiquent aucun
» culte; leur passion dominante est celle de
» l'or. »

Tel est leur véritable portrait; voilà ce qu'étaient les Huns.

Ce fut vers l'an 376 de notre ère que la masse des Huns occidentaux s'ébranlant, passa le Volga sous la conduite de Balamir, leur roi, se recruta des Alains, peuple pasteur, et se précipita sur le vaste empire des

Goths, qui, après une lutte acharnée, s'enfuirent devant ce torrent avançant toujours comme une lave brûlante, renversant tous les obstacles, brisant toutes les résistances.

Arrivés devant le vaste fossé du Danube, les Huns s'arrêtèrent, tout en continuant de batailler contre les peuples barbares, et ne laissant pas d'ennemis derrière eux.

Ce fut, ajoute M. Amédée Thierry, pour toutes les nations européennes, civilisées ou barbares, un grand événement que cette intrusion des Huns au milieu d'elles, ce progrès de l'Asie nomade sur l'Europe. Tout le pays du bas Danube à la mer Caspienne, le long de la mer Noire, ne fut plus qu'un passage perpétuellement sillonné de hordes et de troupeaux.

La tribu royale des Huns se fixa sur le Danube comme une sentinelle vigilante occupée à épier ce qui se passait au-delà. Chaque année, le palais de planches de ses rois fit un pas de plus vers le cours moyen du fleuve, et chaque année aussi quelque empiétement sur les peuplades riveraines, en prolongeant la frontière des Huns, multiplia les points de contact avec l'empire romain.

Vers cette époque, 434 ou 435, les Huns avaient pour roi Roua, chef très capable et très décidé qui, après avoir imposé un tribut à l'empereur d'Orient, Théodose II, l'exemptant ainsi de ses pillages, mourut, laissant à ses neveux, Attila et Bléda, sa succession dans le commandement de sa formidable nation.

Attila, âgé alors de 35 ou 40 ans, était né sur les bords du Volga, dans la demeure primitive des Huns, et devint homme sur les bords du Danube.

Ce géant de la barbarie était fait pour la guerre, pour cette guerre de meurtres, de rapines et d'incendie, dont Rome avait donné le spectacle au monde depuis mille ans. Il avait, dès son enfance, vécu sur les champs de bataille; le sang était son élément. Son oncle Roua, lié d'une étroite amitié avec Ætius, le plus habile des généraux romains, l'avait envoyé, jeune encore, à la cour de Ravenne. Là, son esprit fin et délié, son œil observateur avait démêlé promptement le secret de la puissance des Romains. Accompagnant les troupes dans leurs marches, assistant à leurs évolutions, quelquefois même à leurs combats, il puisa à la meilleure source les leçons de tactique et de discipline militaires dont il était avide et qu'il brûlait déjà de mettre à profit. Ainsi, tandis qu'Ætius, ôtage des Romains près de Roua, faisait ses premières armes chez les Huns, par une sorte d'échange entre la Barbarie et la Civilisation, Attila faisait les siennes chez les Romains, étudiant les vices de la société romaine, comme le chasseur étudie les allures d'une proie : faiblesse de l'élément romain et force de l'élément barbare dans les armées, incapacité des Empereurs, corruption des hommes d'état, absence de ressort moral dans les sujets, en un mot tout ce qu'il sut si bien exploiter plus tard et qui servit de levier à son audace et à son génie. Ætius et Attila, qui s'étaient connus, restèrent liés. Ces deux hommes s'apprenaient et se redoutaient secrètement comme deux rivaux que les chances de la fortune amèneraient un jour sur les champs de bataille, en face l'un de l'autre, et qui seuls étaient dignes de se mesurer.

Attila, avec une taille au-dessous de la médiocre et des traits peu réguliers, imposait par un air de fierté mâle et une sorte de grandeur sauvage empreinte dans toute sa personne. Son génie naturel, ses succès, son audace, sa confiance dans ses forces, son habileté dans les conseils, son caractère indomptable, en firent l'ennemi le plus redoutable pour la puissance romaine sur le déclin.

Voici le portrait que Jornandès nous a laissé de ce barbare fameux :

« Court de taille et large de poitrine, il
» avait la tête volumineuse, les yeux petits et
» enfoncés, la barbe rare, le nez épaté, le teint
» presque noir ; son cou jeté naturellement
» en arrière, et ses regards, qu'il promenait
» autour de lui avec inquiétude ou curiosité,
» donnaient à sa démarche quelque chose de
» fier et d'impérieux. C'était bien là un
» homme marqué au coin de la destinée, un
» homme né pour épouvanter les peuples et

» ébranler la terre. Si quelque chose venait
» à l'arrêter, son visage se crispait, ses yeux
» lançaient des flammes; les plus résolus
» n'ôsaient affronter l'effet de sa colère. Ses
» paroles et ses actes mêmes étaient em-
» preints d'une sorte d'emphase calculée
» pour l'effet; il ne menaçait qu'en termes
» effrayants; quand il renversait, c'était
» pour détruire plutôt que pour piller; quand
» il tuait, c'était pour laisser des milliers de
» cadavres sans sépulture en spectacle aux
» vivants. A côté de cela, il se montrait doux
» pour ceux qui savaient se soumettre, exo-
» rable aux prières, généreux envers ses ser-
» viteurs, et juge intègre vis-à-vis de ses
» sujets. Ses vêtements étaient simples, mais
» d'une grande propreté. Sa nourriture se
» composait de viandes sans assaisonnement,
» qu'on lui servait dans des plats de bois;
» en tout, sa tenue modeste et frugale con-
» trastait avec le luxe qu'il aimait à voir dé-
» ployer autour de lui. Avec l'irascibilité du
» Kalmouk, il en avait les instincts brutaux;
» il s'enivrait, il recherchait les femmes

» avec passion ; ses enfants formaient pres-
» que un peuple. »

On ne connaissait à Attila aucun culte; seulement des sorciers, attachés à son service, consultaient l'avenir sous ses yeux dans les circonstances importantes.

Après avoir gouverné pendant dix ans environ conjointement avec son frère Bléda, il devint impatient de régner seul, et, l'an 444, imitant le fondateur de Rome, il se défait de son frère par un assassinat. Alors il songe à former un empire des nations barbares en opposition à l'empire romain, à faire, en un mot, pour le Nord de l'Europe, ce que Rome avait fait pour le Midi.

La puissance des Huns n'avait cessé de s'accroître depuis leur entrée en Europe. Les hordes huniques, agglomérées en monarchie conquérante, avaient marché de victoire en victoire depuis près de soixante-quinze ans, et tous les nomades des steppes tartares et sarmates, toutes les tribus slaves, toutes les populations teutoniques, enfin le monde barbare presque entier de la mer Caspienne et de la mer Noire jusqu'au Rhin et à l'Océan du Nord, reconnaissait Attila pour SEIGNEUR, et s'ébranlait dans ses sombres profondeurs à l'approche de ce terrible roi des Huns, la barbarie incarnée. Son empire égalait en étendue l'empire romain, s'il ne le dépassait pas. Cinq ou six cent mille hommes de guerre se levaient au premier ordre d'Attila.

L'empire barbare, une fois formé, déborda sur l'empire romain. De 444 à 447, Attila venait d'envahir les États byzantins, et les cités, les forteresses, les bourgades, rasées jusqu'au niveau, avaient disparu sous ses pas, comme si c'eût été le génie de la destruction et de la mort. Le faible Théodose II n'avait racheté Constantinople que par un traité ignominieux et la cession de quelques parties de provinces.

Ce prince barbare, accoutumé à obtenir tout ce qu'il demandait, ne faisait qu'une seule objection : LA GUERRE. Dans son orgueil démesuré, pour inspirer la terreur et pour motiver ses cruautés, il fit écrire sur ses bannières : ATTILA, FLÉAU DE DIEU, se croyant sous ce nom terrible le droit de mettre tout à feu et à sang. Il se vantait que L'HERBE NE POUVAIT CROITRE OU SON CHEVAL AVAIT PASSÉ. Attila, dont la vie se passa dans les batailles, payait rarement de sa personne : c'est par la tête qu'il était général. Asiatique dans tous ses instincts, il ne plaçait même la guerre qu'après la politique, donnant toujours le pas aux calculs de la ruse sur la violence, et les estimant davantage. Tenir perpétuellement son ennemi haletant sous la menace, et surtout savoir attendre, c'était là sa suprême habileté. Voilà l'homme aux mains duquel allaient tomber toutes les destinées du monde.

Après avoir humilié trois empereurs, conquis plus de trente nations et plus de six cents villes, il se propose donc de soumettre les deux empires de Rome. Mais Marcien, qui régnait alors en Orient, ayant répondu aux ambassadeurs envoyés pour réclamer le tribut annuel que payait Théodose : J'AI DE L'OR POUR MES AMIS ET DU FER POUR MES ENNEMIS, Attila jugea à propos de tourner d'abord ses armes contre l'empereur d'Occident, Valentinien, qu'il méprisait. Auparavant, il se rend à sa résidence royale, vaste village situé entre le Danube, la Theiss et les montagnes Carpathes, dans la haute Hongrie, probablement dans les environs de Tokay ou de Jazberin.

Son palais, placé sur une hauteur, attirait au loin les regards par des tours élevées qui se dressaient vers le ciel. On désignait sous ce nom un vaste enclos circulaire renfermant plusieurs maisons; une clôture en bois l'entourait; les édifices intérieurs étaient aussi en bois. Située probablement au centre et seule flanquée de tours, la maison d'Attila était encadrée dans de grands panneaux de planches d'un poli admirable, et si exactement joints ensemble, qu'ils semblaient ne former qu'une seule pièce. Celle de la reine, ou épouse favorite, d'une architecture plus légère et plus ornée, présentait sur toutes ses faces des dessins en relief et des sculptures qui ne manquaient pas de grâce. La toiture reposait sur des pilastres soigneusement équarris, entre lesquels régnait une suite de cintres en bois tourné, appuyés sur des colonnes, et formant comme les arcades d'une galerie.

Le roi hun fit son entrée dans sa capitale avec grand cérémonial, puis pensa aux ordres à donner pour l'exécution de ses grands desseins. Tous les peuples alliés ou soumis à sa domination ne tardèrent pas à fournir leur contingent, à armer l'élite de leur jeunesse, et l'armée qu'il rassembla fut la plus nombreuse, la plus aguerrie et la mieux commandée qui eût jamais menacé la puissance romaine en Occident.

Les années 450 et 451 furent donc pour l'empire une de ces époques fatales que tout le monde attend en frémissant, et qui apportent leurs calamités pour ainsi dire à jour fixe. La terreur était universelle; les peuples épouvantés croyaient voir de funestes présages dans chaque phénomène qui apparaissait au ciel ou sur la terre. L'effroi populaire n'avait pas ce caractère vague que peut produire l'attente d'un ennemi inconnu. On ne connaissait que trop ces Huns qui passaient pour avoir été engendrés dans les déserts de la Scythie par des sorcières accouplées avec des esprits infernaux. Tout fut dans l'épouvante devant cette tempête de nations que précéderait l'incendie et que suivrait la famine.

Attila donc, après ses immenses préparatifs, se trouvant en mesure de frapper un grand coup, plus confiant que jamais dans ses forces, n'hésite plus à marcher droit au but qui absorbait toutes ses veilles depuis dix années, la ruine de l'Occident. A la tête de quatre cent mille hommes, il quitte les bords de la Drave et du Danube, traverse la Germanie au milieu de l'hiver, et arrive sur les bords du Rhin. Les Francs, établis le long de ce fleuve du côté de l'Allemagne, veulent l'arrêter, mais ils sont battus. Le jeune Childéric, qui succédera à son père Mérovée, comme chef des Francs, est fait un instant prisonnier avec sa mère.

Cependant, à la veille de franchir le Rhin, Attila délibère sur le choix du passage qu'il doit adopter ; ce choix est d'une haute importance pour le succès de l'expédition. Les

Gaules, qu'il veut conquérir, ne sont plus, comme au temps de Julien et de Constantin, réunies en un seul faisceau dans la main puissante des Romains. Envahies du nord à l'est et au midi, le moment approche où cette riche proie sera devenue tout entière le partage des peuples que Rome admet dans son alliance, et qui travaillent de concert depuis un siècle à s'enrichir de ses dépouilles.

Il est de l'intérêt d'Attila de ménager ces différents peuples, publiquement alliés, mais secrètement amis des Romains, et toujours prêts à prendre leur part de nouveaux démembrements. Aussi a-t-il réservé ses premiers coups pour les provinces restées fidèles à l'empire.

Après avoir pesé les avantages et les inconvénients de chaque direction, il se met en route et conduit son armée à proximité de vastes bois qui pouvaient lui fournir tous les matériaux nécessaires au transport. La vieille forêt Hercynienne, dont la forêt Noire et les bois qui couvrent les montagnes du Harz et de l'Ergebirge ne sont que des restes, cette forêt qui avait vu César et Julien, devient le camp d'Attila. Les chênes séculaires et les aulnes, tombant sous la hache, se transforment en barques innombrables qui couvrent au loin le lit du fleuve ; et, vers la fin de février, le terrible Hun s'élance avec la rapidité de l'éclair, et passe le Rhin près de Coblentz, un peu au-dessous du confluent de la Moselle.

Bientôt il s'installe dans l'ancienne métropole des Gaules, à Trèves, qu'il trouve presque sans garnison ; puis, avançant toujours, il arrive, la veille de Pâques, 7 avril 451, devant Metz, qui, malgré son refus, sa résistance, est emportée d'assaut, et voit ses habitants passés au fil de l'épée, un affreux incendie la dévorer et le fer démolir ce que la flamme a épargné, car rien ne trouve grâce devant un vainqueur irrité.

A Metz, Attila apprit que deux routes conduisaient de cette ville dans le midi : l'une par Langres, Chalon-sur-Saône et Lyon, pour descendre ensuite la vallée du Rhône, mais toute montagneuse et parcourant un pays où une nombreuse cavalerie ne pouvait ni se déployer, ni trouver à vivre ; la seconde passait par Reims, Troyes et Orléans, traversait une région plane et ouverte qui se prolongeait encore au-delà de la Loire, dans les plaines de la Sologne et du Berry.

Bien renseigné, le barbare choisit la seconde de ces deux routes, et concentrant son armée tout entière dans cette direction, lui donna rendez-vous dans les plaines de la Champagne, non loin de Reims.

Pour lui, à la tête de sa colonne du centre, il quitte Metz et s'avance vers la métropole de la seconde Belgique (Reims).

Arrivé aux environs de Châlons-sur-Marne, dans une plaine que Jornandès appelle Champs catalauniques (plaines de Châlons), et aussi Champs Mauriciens ou Mauriaciens, entre la Vesle et la Suippe, à la jonction des routes de Toul et de Verdun, et où ses troupes se trouvaient réunies, il passe une grande revue (1).

---

(1) *Idace*, évêque de Lamego en Galice, *Espagne*, et député, en

Dans cette revue, son œil exercé est frappé de la beauté de cette plaine immense, dont il essaie en vain de mesurer l'étendue; il admire la facilité que sa nombreuse cavalerie y trouve pour manœuvrer. Il pense en lui-même que si jamais une grande bataille devenait nécessaire, nulle autre position ne serait plus favorable pour déployer toutes ses forces, pour faire mouvoir son immense armée, et pour lui assurer une éclatante victoire sur son ennemi.

Pendant cette même revue, Châlons, qui alors n'avait ni garnison, ni fortifications, lui envoie une députation ayant à sa tête saint Alpin, son évêque, dont l'éloquence, le cou-

---

451, près d'Ætius, dans les Gaules, place la bataille rangée dans les plaines catalauniques.

Sidoine Apollinaire, auteur contemporain, désigne dans ses œuvres, importantes pour l'histoire des lieux, les champs catalauniques comme théâtre de la même bataille.

Cassiodore, le sénateur, le premier ministre de Théodoric, roi des Goths, indique aussi les champs catalauniques.

Isidore de Séville, né en 570, indique cette bataille dans la plaine de Mauriac, à trois lieues de Châlons.

(M. BARBAT, *Histoire de Châlons.*)

rage et la douceur parviennent à fléchir ce Hun farouche. Mais ce terrible barbare, tout en respectant la ville, l'oblige à recevoir garnison et à fournir des vivres et des munitions à l'armée, dont la plus grande partie doit, dès ce moment, tirer ses subsistances des bords de la Marne.

Alors Attila se dirige sur Reims qui, prise au dépourvu, et, sortant à peine des ruines dont l'avaient couverte les Vandales quarante-trois ans auparavant, ouvre ses portes et subit sans coup férir la loi du vainqueur.

De là le roi hun se porte vers Orléans, où ses sommations sont repoussées avec mépris. Comme à Châlons, son illustre évêque, saint Aignan, vient à son secours. Après avoir informé Ætius, qui était à Arles, le digne prélat enflamme le courage des habitants, décidés alors à s'ensevelir tous sous les ruines de leur ville plutôt que de consentir à sa reddition.

Aussitôt l'investissement d'Orléans se transforme en un siège régulier; la lutte est vigoureuse, opiniâtre; mais une résistance de plus d'un mois fatigue les bras, épuise les munitions, et les courages deviennent chancelants, abattus, car Ætius n'arrive point; l'évêque lui-même est ébranlé.

On parle de capituler, on règle déjà les conditions, on échange les ôtages, la ville va ouvrir ses portes, du moins le Hun superbe s'en flatte hautement, lorsque paraît enfin à l'horizon le secours si longtemps, si vivement désiré. Orléans alors se rassure et ne doute plus de son salut.

Pris de tous côtés et à l'improviste, Attila est refoulé, et, ne sachant que devenir, fait sonner la retraite, perdant ainsi cette journée du 14 juin 451 qui aurait mis la civilisation à deux doigts de sa perte.

Pressé de trouver des plaines découvertes où sa cavalerie retrouverait ses avantages, il se hâte, dans la prévision d'une bataille, de se rapprocher de ses renforts, et donne l'ordre à tous ses corps détachés de se rendre de nouveau dans les champs catalauniques. Cependant il se retire en bon ordre; toujours placé à l'arrière-garde, il sait se faire respecter de son ennemi, et plus d'une fois les alliés, en le serrant de trop près, ont à se repentir de leur témérité.

Arrivé au lieu du rendez-vous, Attila se trouva, dit-on, à la tête de deux cent cinquante mille hommes. Il aperçoit, à douze kilomètres environ de la ville de Châlons, près de la station appelée dans les Itinéraires Fanum Minervæ, Temple de Minerve, entre les villages actuels de Cuperly et de La Cheppe, un fort ou camp romain (1) d'une grande dimension, d'une force imposante, et qui paraissait construit pour couvrir les deux villes de Reims et Châlons.

Trouvant cette fortification à sa portée, il s'empresse d'en profiter comme d'une bonne fortune, se sert de son assiette pour affermir

---

(1) Nous disons romain, car, malgré l'absence de données positives les restes de ce camp et son bon état de conservation éloignent tout doute. On ne peut évidemment, ce semble, en attribuer la construction au roi des Huns, quel que soit le nombre de bras dont il pouvait disposer, car il arrivait en toute hâte et n'avait que quelques jours d'avance sur Ætius, ce qui lui permettait tout au plus d'ajouter quelques ouvrages ou développements appropriés à la circonstance et aux besoins du moment, et qui, faits rapidement, ont pu et même dû disparaître.

son camp, et y ajoute tout ce que les ressources de l'art de la guerre, une longue expérience et sa position pouvaient lui suggérer.

C'est là qu'il place son quartier-général, et, regardant les retranchements comme inexpugnables, il y rassemble les devins, les femmes, les ôtages, les prisonniers, les équipages, les munitions, les objets précieux, l'immense attirail, en un mot, qui accompagne toujours une armée aussi nombreuse que bien organisée.

C'est aussi près de ces lieux que se mesurèrent gigantesquement les Romains et les Huns et qu'ils préludèrent à la ruine ou au salut des Gaules, et par conséquent du monde.

Le jour même où Attila fut décidé à combattre, au commencement de septembre, selon Jornandès, l'armée d'Ætius campait en face de lui, séparée seulement par un intervalle de deux ou de trois mille toises, et maîtresse des hauteurs où elle avait pris position.

Attila passa toute la nuit dans une agitation inexprimable; on eût dit qu'il pressentait la probabilité d'une défaite. Aussi, selon quelques historiens, eut-il soin de n'engager le combat que le plus tard possible dans la journée, afin qu'une défaite ne fût pas irrévocable, et que, la nuit survenant, laissât place à de nouveaux conseils et à de nouvelles chances.

Il réunit les chefs autour de lui, et leur adressa ces paroles reproduites par Jornandès :

« Après tant de victoires remportées sur
» tant de nations, et au point où nous en
» sommes de la conquête du monde, je ferais
» à mes propres yeux un acte inepte et ridi-
» cule en venant vous aiguillonner par des
» paroles, comme si vous ne saviez pas ce
» que c'est que de se battre. Laissons ces
» prétentions à un général tout neuf ou à des
» soldats sans expérience ; elles ne sont
» dignes ni de vous ni de moi. En effet,
» quelles sont vos habitudes, sinon celles de
» la guerre ? et qu'y a-t-il de plus doux pour
» les braves que de chercher la vengeance les
» armes à la main ? Oh ! oui, c'est un grand
» bienfait de la nature que de se rassasier de
» vengeance. Attaquons donc vivement l'en-
» nemi ; c'est toujours le plus résolu qui

» attaque. Méprisez ce ramassis de nations
» différentes qui ne s'accordent point; on
» montre sa peur au grand jour quand on
» compte pour sa défense, sur un appui étran-
» ger. Aussi, voyez même avant l'attaque,
» la frayeur les emporte déjà. Ils veulent
» gagner les hauteurs, ils se hâtent d'occuper
» des lieux élevés qui ne les garantiront point,
» et bientôt ils reviendront demander, sans
» plus de succès, leur sûreté à la plaine.
» Nous savons tous avec quelle faiblesse les
» Romains supportent le poids de leurs
» armes; je ne dis pas la première blessure,
» mais la poussière seule les accable. Tandis
» qu'ils se réunissent en masses immobiles
» pour former leurs tortues de boucliers,
» méprisez-les et passez outre; courez-sus
» aux Alains, abattez-vous sur les Visigoths;
» c'est sur ce point où se concentrent les forces
» du combat que nous devons chercher une
» prompte victoire. Si les nerfs sont coupés,
» les membres tombent, et un corps ne peut
» se tenir debout quand les os lui sont arra-
» chés. Élevez donc vos courages et déployez

» votre furie habituelle. Comme Huns, prou-
» vez votre résolution, prouvez la bonté de
» vos armes ; que le blessé cherche la mort
» de son adversaire ; que l'homme sain se
» rassasie du carnage de l'ennemi : celui qui
» est destiné à vivre n'est atteint par aucun
» trait ; celui qui doit mourir rencontre son
» destin, même dans le repos. Enfin, pour-
» quoi la fortune aurait-elle rendu les Huns
» vainqueurs de tant de nations, sinon pour
» les préparer aux joies de la bataille ? Pour-
» quoi aurait-elle ouvert à nos ancêtres le
» chemin du Palus-Mœotis, inconnu et fermé
» pendant tant de siècles ? L'évènement ne
» me trompe point : c'est ici le champ de
» bataille que tant de prospérités nous avaient
» promis, et cette multitude rassemblée au
» hasard ne soutiendra pas un moment l'as-
» pect des Huns. Je lancerai le premier ja-
» velot sur l'ennemi ; si quelqu'un peut rester
» tranquille quand Attila combat, il est déjà
» mort. »

Aussitôt commença, dit M. Am. Thierry, une mêlée terrible, une bataille atroce, multiple, épouvantable, acharnée, telle que l'antiquité n'en a point raconté. Le ruisseau (1) presque desséché qui traversait la plaine se gonfla tout-à-coup, grossi par le sang qui se mêlait à ses eaux ; de sorte que les blessés ne trouvaient pour s'y désaltérer qu'une boisson horrible et empoisonnée qui les faisait mourir aussitôt (2).

La fortune se décida pour Ætius, et Attila, sur le point d'être pris ou tué, n'échappa que par la fuite ; ses troupes, à la débandade, le suivirent dans son enceinte de charriots.

Le soleil se leva sur une plaine jonchée de cadavres. Cent soixante-deux mille hommes, d'après Jornandès, restèrent sur la place.

Attila seul connaissait toute l'étendue de

---

(1) La petite rivière la Noblette qui, sur la carte de Sanson, premier géographe de Louis XIII, porte le nom de Bussy, fut pendant vingt-quatre heures teinte du sang des guerriers qui périrent dans ce combat.

(2) Le lieu où les troupes d'Attila résistèrent avec le plus d'opiniâtreté est désigné par les habitants du pays sous le nom de *l'Ahan du Diable*. Cette contrée est entre Suippes, Cuperly et La Cheppe.

(M. Barbat, *Histoire de Châlons*.)

ses pertes, et, dans la crainte que ses ennemis ne cherchassent à profiter de leur avantage, il fit toute la nuit retentir des sons animés; des cris menaçants, mêlés au cliquetis des armes, faisaient croire que la victoire lui était restée et qu'il se disposait de nouveau à combattre.

Pour un instant, cet intrépide barbare fit dresser, au pied d'une butte qu'il avait fait élever, un bûcher de selles et de riches harnais, résolu, si son camp était forcé, à y mettre le feu et à s'y précipiter avec tous ses trésors, afin que personne ne pût se vanter d'avoir tué ou pris le vainqueur de tant de nations.

Après avoir éprouvé ce grand désastre, Attila fit atteler ses chars et partit dans un appareil encore formidable. Il ne demandait qu'à s'éloigner, et Ætius, avec des troupes réduites de moitié, jugea prudent de respecter la retraite du lion, qui repassa le Rhin.

L'expédition du superbe Hun avait donc échoué; l'épouvantail de son immense armée venait de s'évanouir, la Gaule était sauvée, sinon d'une dévastation passagère, au moins de la destruction.

Après cet immense ébranlement, toutes les populations de la Gaule, épuisées de sang et de fatigue, s'affaissèrent un moment; la lassitude était universelle.

Attila prétendit qu'il n'avait point été vaincu, et, aux yeux de son peuple, il ne l'était pas. Il réunit une nouvelle armée pour aller en Italie, traverse les Alpes Juliennes, fait le siège d'Aquilée, dont, après de grands efforts, il finit par s'emparer. De là, il ravage la Vénétie et la Ligurie, puis s'avance vers Rome; mais, à la vue du pape saint Léon, il consent à la paix, se retire par le Norique, et rentre chez lui faire de grands et de nouveaux apprêts pour l'année 453.

De retour dans son palais de planches, il ne songeait qu'à passer tranquillement l'hiver, lorsqu'une jeune fille d'une admirable beauté, nommée Ildico, et dont on ignore l'origine, quoique quelques auteurs reprochent à Attila d'avoir massacré et dépouillé la famille avant d'avoir abusé de sa beauté, frappa tellement ce roi farouche, qu'il songea à l'épouser.

Pendant les fêtes du mariage, le roi des Huns se livra à une joie extrême. La coupe de bois où versait l'échanson royal se remplit et se vida plus que de coutume ; et lorsque de la salle du festin, Attila passa dans la chambre nuptiale, sa tête était chargée de vin et de sommeil. Le lendemain on ne le vit point paraître, et une partie du jour s'était écoulée sans qu'aucun bruit, aucun mouvement se fît dans la chambre, dont les portes étaient fermées en dedans. Les officiers brisèrent les portes et aperçurent leur roi étendu sur sa couche, au milieu d'une mare de sang, et la jeune épouse assise près du lit, la tête baissée et baignée de larmes sous son long voile.

De l'enceinte du palais, la nouvelle se répandit avec la rapidité de l'éclair dans la bourgade royale, puis dans tout l'empire des Huns, et la nation entière, des bords du Danube aux monts Ourals, fut en proie à tous les transports d'un regret inexprimable.

La version des Huns sur la mort d'Attila

fut que ce roi avait été frappé d'apoplexie, que, sujet à des saignements de nez, il avait été surpris par une hémorragie, couché sur le dos, et que le sang ne trouvant pas son passage habituel au dehors, s'était amassé dans sa gorge et l'avait étouffé.

Les funérailles de ce potentat du monde barbare furent célébrées avec une pompe sauvage digne de sa vie. Une tente de soie dressée dans une grande plaine, aux portes de la bourgade royale, reçut son cadavre, qui fut déposé sur un lit magnifique, et des cavaliers d'élite, choisis avec soin dans toute la nation, formèrent alentour des courses et des jeux comparables aux combats simulés des cirques romains. En même temps, les poëtes et les guerriers entonnèrent, dans la langue des Huns, le chant suivant :

« Le plus grand roi des Huns, Attila, fils de
» Moundroukh, souverain des plus vaillants
» peuples, posséda seul, par l'effet d'une
» puissance inouïe avant lui, les royau-
» mes de Scythie et de Germanie. Il épou-
» vanta, par la prise de nombreuses cités,

» l'un et l'autre empire de la ville de Rome.
» Comme ils redoutaient tous qu'il n'ajou-
» tât le reste à sa proie, il se laissa apaiser
» par les prières et reçut un tribut annuel.
» Et après avoir fait toutes ces choses par
» une singulière faveur de la fortune, il est
» mort, non sous les coups de l'ennemi, ni
» par la trahison des siens, mais dans la joie
» des festins, au sein de sa nation intacte,
» sans éprouver la moindre douleur. Qui
» donc racontera cette mort pour laquelle
» nul n'a de vengeance à demander ! »

Aux marques de douleur succéda un repas funèbre où l'on but et mangea avec excès, car c'était la coutume de ce peuple de mêler la débauche à la tristesse des funérailles. On s'occupa ensuite d'ensevelir le roi. Son cadavre fut enfermé successivement dans trois cercueils : le premier d'or, le second d'argent et le troisième de fer, pour signifier que ce puissant monarque avait tout possédé : le fer, par lequel il dompta les autres nations ; l'or et l'argent, par lesquels il avait enrichi la sienne. On choisit l'obscurité de la nuit pour le confier à la terre, et l'on plaça à ses côtés des armes prises sur un ennemi mort, des carquois couverts de pierreries et des meubles précieux dignes d'un pareil roi; puis, afin de dérober tant de trésors à l'avidité ou à la curiosité humaine, les Huns égorgèrent les ouvriers qu'ils avaient employés à creuser la fosse ou à la combler.

Alors fut brisée la puissance hunique avec la vie de ce conquérant, qui, après avoir fondé un empire au moins égal en étendue à celui d'Alexandre, laissa une succession aussi contestée que celle du Macédonien, et un nom haï, détesté, que les peuples ne prononcent qu'avec horreur.

Ses enfants, en grand nombre, voulurent régner; les chefs les plus braves aspirèrent au rang de souverains. Son vaste domaine fut longtemps déchiré par des guerres civiles, et, enfin, des peuples sortis des régions glacées de la Sibérie le détruisirent complètement.

LA CIVILISATION.

Charles-Louis-Napoléon Bonaparte, Empereur des Français, sous le nom de Napoléon III, est né à Paris, en 1808, le 20 avril.

Il eut pour père un roi honnête homme, qui préféra, en 1810, quitter le trône plutôt que de trahir la cause de son peuple ou de combattre la France.

Louis-Napoléon Bonaparte, père de notre Empereur et roi de Hollande, de 1806 à 1810, se retira, à cette dernière époque, à Florence (Italie), sous le nom de comte de Saint-Leu, et mourut en 1846. Comme Lucien et Joseph, ses frères, il cultiva les lettres et publia des DOCUMENTS HISTORIQUES SUR LE GOUVERNEMENT

DE LA HOLLANDE, ouvrage curieux pour l'histoire. Il composa aussi quelques poésies en vers rhythmiques : LUCRÈCE, tragédie; RUTH ET NOÉMI, opéra-comique. On a encore de lui des ODES et des POÉSIES DIVERSES, où l'on trouve, avec une philosophie douce, de nobles sentiments exprimés en beaux vers; un roman de MARIE ou les HOLLANDAISES, etc.

Il épousa, en 1802, une femme qui fut, par sa grâce et ses talents, l'ornement de la cour consulaire et de la cour impériale, Hortense-Eugénie Beauharnais, fille du premier mariage de l'impératrice Joséphine, la femme bien-aimée de Napoléon Ier, femme qui n'usa de son pouvoir d'impératrice des Français que pour faire du bien; aussi fut-elle universellement chérie.

De ce mariage naquirent trois enfants; l'Empereur actuel est le dernier de tous. Rien ne présageait donc qu'il dût porter un jour une couronne. Mais l'aîné de ses frères, NAPOLÉON-CHARLES, grand-duc de Berg, prince royal de Hollande, né en 1802, mourut à La Haye, en 1807, âgé de cinq ans. Le second,

Charles-Napoléon-Louis, né en 1804, marié à sa cousine Charlotte, fille de Joseph Bonaparte, mourut sans postérité en 1831.

Napoléon III eut pour parrain Napoléon Ier, pour marraine l'impératrice Marie-Louise, seconde épouse de Napoléon Ier, fille de François Ier, empereur d'Autriche, morte en 1847.

Fort jeune, notre Empereur quitta la France et suivit sa mère tour-à-tour en Bavière, en Suisse, à Rome. Les agitations de la vie commencèrent pour lui dès l'enfance.

Une insurrection ayant eu lieu dans la Romagne, il prit les armes pour l'indépendance de l'Italie. C'est là que, dans cette insurrection qui ne fut pas heureuse, il perdit son second frère, et que, de cadet qu'il était, il devint fils unique.

Il prit alors le nom de Napoléon-Louis; car, d'après un pacte de famille émanant de la volonté de l'Empereur Napoléon Ier, l'aîné de la famille impériale devait toujours s'appeler Napoléon, et, à l'instar de Jules César, le grand Napoléon voulait imprimer la marque profonde de son nom à une Ere impériale. Ce fut l'une des plus chères pensées de son génie dominateur.

En 1831, au moment où l'Italie était envahie par l'Autriche, le prince Louis vint avec sa mère incognito à Paris implorer du roi Louis-Philippe l'honneur de servir, comme simple soldat, sous le drapeau de la France. Un simple soldat du nom de Napoléon ne devait naturellement pas trouver de place dans l'armée; aussi sa demande ne fut-elle pas acceptée.

Il quitta la France alors, et se retira avec sa mère dans le canton suisse de Thurgovie, au château d'Arenemberg, sur les bords du lac de Constance.

En 1832, François-Charles-Joseph Napoléon, duc de Reichstadt, fils de l'Empereur Napoléon Ier et de sa seconde épouse Marie-Louise, né le 20 mars 1811, et proclamé roi de Rome en naissant, fut enlevé par une phthisie à la fleur de son âge, lui qui paraissait d'abord réservé aux plus brillantes destinées.

Ce troisième revers, un de ces jeux de la fortune qui semblait se complaire à renverser successivement tous les obstacles qui séparaient Napoléon-Louis du trône de France, aux termes du publiciste de l'an XII, en firent donc l'héritier de la couronne impériale de Napoléon Ier.

Napoléon-Louis dès lors sentit sans doute une impression sur son caractère, car il donna aussitôt à ses études une direction absolument politique et militaire, porta plus exclusivement vers la France ses espérances et son activité, et composa des ouvrages en harmonie complète avec cette direction.

L'auteur du GÉNIE DU CHRISTIANISME, M. de Châteaubriand, qui, en 1833, passant par la Suisse, l'avait entendu et avait lu ses premiers essais politiques, lui écrivit : « Si Dieu, dans
» ses impénétrables desseins, avait rejeté la
» race de saint Louis ; si notre patrie devait
» revenir sur une élection qu'elle n'a pas
» sanctionnée, et si ses mœurs ne lui ren-
» daient pas l'état républicain possible, alors,

» prince, il n'y a pas de nom qui aille mieux
» à la gloire de la France que le vôtre. »

En 1835, La Fayette, qui se connaissait en popularité, l'engagea à revenir en France, en lui disant : « Votre nom est le seul populaire. »

Armand Carrel, cet écrivain politique qui a mérité l'estime de ses adversaires mêmes par la loyauté de son caractère, et auquel la lecture des ouvrages de Louis-Napoléon avaient annoncé une forte tête, prédit à ce prince un grand avenir, s'il sait « oublier ses droits de légitimité impériale. »

Plusieurs personnes qui alors visitaient la solitude du futur Empereur jetèrent dans l'âme de ce prince la flamme de ses espérances. Sa conception se mûrissait rapidement, et, en 1836, s'exagérant le mécontentement que la France pouvait avoir de son chef, le roi Louis-Philippe, il quitta sa mère et vint tenter l'insurrection de Strasbourg.

Brisé alors, envoyé en Amérique, il y apprend que la princesse Hortense est gravement malade. Il revient en toute hâte, et reçoit, en 1837, le dernier soupir de cette noble mère, qui cultiva avec succès la musique et la poésie. En effet, on a conservé des Mémoires dont elle fit paraître elle-même quelques extraits en 1834 (1).

Sommé de quitter la Suisse, Napoléon-Louis passe en Angleterre, où, sous les apparences d'un dandy anglais, aux tournois d'Ecklington (car c'est un cavalier accompli), il médite un nouveau coup de main, celui de 1840, qui, de la plage de Boulogne, ne l'envoie pas en exil, mais dans la prison du fort de Ham.

Mais la persévérance est son lot, et, du fond de sa prison, il continue son œuvre et projette en même temps une évasion qu'il finit par opérer en regagnant l'Angleterre.

La révolution de 1848 le ramena en France et en fit un de ses représentants. Après l'insurrection de juin, lorsque son nom commença à circuler, une partie des votes du général Cavaignac se reportèrent sur lui et

---

(1) Les restes de cette princesse reposent à Rueil (Seine-et-Oise) auprès de ceux de l'impératrice Joséphine, sa mère.

lui conférèrent le titre de Président de la République (10 décembre 1848) par 5,534,226 suffrages. Il fut proclamé le 20 du même mois et prorogé pour dix ans dans ses pouvoirs, par le plébiscite du 2 décembre 1851, par 7,439,216 suffrages sur 8,116,773 votants. Puis, dans les comices des 21 et 22 novembre 1852, il est élu Empereur des Français, sous le nom de Napoléon III, par 7,824,189 suffrages sur 8,140,660 votants, et proclamé par le Corps Législatif le 1er décembre suivant.

La Providence, dit un auteur moderne, avait donné à Louis-Napoléon, qu'elle avait formé pour son rôle, plus de caractère que de talents superficiels, en le créant plus propre à l'action qu'à la parole, en immobilisant, pour ainsi dire, sa pensée dans une sorte d'idée fixe : la reconstitution de l'empire français ; elle l'avait armé pour la lutte. Une mère lui avait dit : « Tu seras roi, » et cette pensée le saisit, l'accompagna partout, et lui fit concevoir que la vie ne valait quelque chose, à moins que d'être Empereur des Français. Aussi avait-il écrit de sa main à sa mère : « J'étais

BIEN DÉCIDÉ A RELEVER L'AIGLE IMPÉRIALE OU A PÉRIR VICTIME DE MA FOI POLITIQUE. »

Du reste, le pouvoir devait difficilement lui échapper, surtout à une époque d'agitation, car il avait les qualités qui font les politiques : le caractère flegmatique des régions du nord uni à la chaleur et à l'habileté des contrées du midi, une foi et un courage inébranlables devant les revers. Sa volonté fixe revenait toujours à son point de départ, sans jamais discuter, comme si le décret de sa volonté eût été lié aux inévitables décrets de la destinée. Devant son flegme, sa fixité d'opinion, son silence même, son immuable volonté, tout venait se briser comme l'écume légère des vagues s'écrase contre un rocher.

Il savait pourtant, puisqu'il l'a écrit lui-même, que LE SORT COMMUN A TOUTE NOUVELLE VÉRITÉ EST D'EFFRAYER AU LIEU DE SÉDUIRE, DE BLESSER AU LIEU DE CONVAINCRE (1).

Son idée napoléonienne ne fut jamais une

---

(1) Œuvres de Napoléon III, livre 1ᵉʳ, chapitre 3.

idée de guerre, mais bien une idée sociale, industrielle, commerciale, humanitaire. Écoutez-le à Bordeaux : « L'empire, c'est la paix.
» C'est la paix, car la France la désire, et
» lorsque la France est satisfaite, le monde
» est tranquille. La gloire se lègue bien à
» titre d'héritage, mais non la guerre. » (1)

Si le génie militaire de la France se lève comme une divinité menaçante dans sa pensée : « Ton rôle, dit-il, est de mettre dans
» tous les traités ton épée de Brennus en fa-
» veur de la civilisation. »

Car « je n'aurai jamais qu'un but, c'est de
» reconstituer dans ce grand pays, si boule-
» versé par tant de commotions et par tant
» d'utopies, une paix basée sur la concilia-
» tion pour les hommes, sur l'inflexibilité
» des principes d'autorité, de morale, d'a-
» mour pour les classes laborieuses et souf-
» frantes, de dignité nationale. » (2)

---

(1) 9 octobre 1852, Discours de Bordeaux.

(2) 20 septembre 1852, Discours du prince-président pour l'inauguration de la statue de Napoléon Ier à Lyon.

Prince chrétien et catholique, l'Empereur est devenu une colonne de l'Église au dix-neuvième siècle. Il a senti, dans son esprit très véritablement politique, qu'en effet le principe d'autorité a pour base la religion. Et il ne s'est point trompé, car, dans les derniers événements malheureux, en janvier dernier, sa confiance a fait son salut et sa force, tout plein qu'il était, sans doute, de cette belle pensée qu'il a si bien exprimée dans ses œuvres : « Heureux ceux dont la vie s'écoule
» au milieu de leurs concitoyens, et qui,
» après avoir servi leur patrie avec gloire,
» meurent à côté du berceau qui les a vus
» naître. » (1)

Quelque temps avant d'être Empereur, Napoléon III disait ainsi à la France ses pensées religieuses : « Je veux conquérir à la religion,
» à la morale, à l'aisance, cette partie de la
» population qui, au milieu d'un pays de foi
» et de croyance, connaît à peine les pré-

---

[1] Œuvres de Napoléon III, Mélanges.

» ceptes du Christ ; qui, au sein de la terre
» la plus fertile du monde, peut à peine jouir
» de ses produits de première nécessité. » (1)

Napoléon III, dira-t-on, l'homme de la paix, Napoléon III a fait la guerre cependant. Oui ; mais n'est-il pas évident que la campagne de Crimée a relevé aux yeux du monde le pavillon français, et porté haut le drapeau de notre pays ? La France n'a-t-elle pas repris en Europe sa puissance de premier ordre ? Son nom est aujourd'hui respecté, honoré sur toute la carte politique du globe, et NOS ÉTENDARDS FLOTTENT AVEC HONNEUR SUR LES RIVES LOINTAINES OU LE VOL AUDACIEUX DE NOS AIGLES N'ÉTAIT PAS ENCORE PARVENU (2).

Qui, d'ailleurs, ne connaît la sagesse et l'habileté de ses actes ! S'agit-il des classes ouvrières et nécessiteuses ? Dès son entrée au pouvoir, il parcourt les ateliers et les établissements industriels, afin de se rendre compte

---

(1) Discours du prince-président à Bordeaux, 9 octobre 1852.

(2) Allocution de l'Empereur à la garde impériale partant pour l'armée d'Orient, 9 janvier 1855.

par lui-même des besoins des ouvriers. Sa sollicitude alors crée des asiles, construit des cités pour eux, fonde des sociétés, des caisses de retraite, des caisses de secours mutuels, accorde des secours et des subventions, sans compter les dons qu'il fait personnellement.

S'agit-il du commerce, de l'industrie et de l'agriculture ? Il institue dans plusieurs villes des chambres de commerce et des chambres consultatives, des succursales de la Banque de France et des comptoirs d'escompte, fait avec plusieurs puissances des traités de commerce et de navigation, prend des mesures et établit des conventions relatives au commerce international ; il décrète une exposition universelle des produits agricoles et industriels à Paris en 1855 ; une loi institue des comices agricoles, des chambres et un conseil général d'agriculture ; il organise le crédit foncier en France, rend des actes en faveur de l'enseignement agricole, donne des lois sur le drainage, sur le défrichement et sur des travaux d'amélioration dans la Sologne.

S'agit-il de voies de communication ? De

1849 à la fin de 1856 des lignes de fer sont inaugurées et ouvertes sur une étendue totale de 3,970 kilomètres, ou environ un millier de lieues, et des conventions internationales sont faites pour l'établissement de lignes télégraphiques.

S'agit-il de travaux publics? Il s'abandonne aux inspirations de son esprit organisateur. En deux ans, ce grand BATISSEUR fait sortir de terre, comme au coup de baguette d'une fée, ce monument du Louvre, unique au monde, et dont le grand Colbert conseillait l'achèvement à Louis XIV; en même temps Paris tout entier change de face, pendant que d'immenses travaux s'exécutent dans nos ports de mer.

S'agit-il de religion ou d'enseignement public? Il construit et répare des édifices religieux, améliore les traitements en faveur du clergé, crée une caisse de retraite pour les ecclésiastiques âgés et infirmes. Il fait des lois et des décrets constitutifs sur l'enseignement, augmente le traitement des instituteurs, donne une indemnité aux professeurs, fonde de nouvelles écoles et de nouvelles chaires.

S'agit-il de nos colonies et de l'Algérie? Il introduit des travailleurs européens, applique certaines lois de la métropole et crée des banques. En Algérie, il fait des concessions de terrain, constitue la propriété, prend des mesures dans l'intérêt du commerce et de l'agriculture, et formule des actes en faveur de l'enseignement public. Par son impulsion, l'armée, après avoir vaincu les Arabes, s'applique à les civiliser en modifiant leurs habitudes sociales.

S'agit-il de choses d'intérêt général? Il fait des réformes aux lois constitutives, des réformes judiciaires, des réformes administratives. Il est le médiateur entre différentes puissances et nous donne ce fameux CONGRÈS DE PARIS, signé le 30 mars 1856, à la suite de la prise de Sébastopol, et dans lequel il assure, autant que possible, le maintien de la paix en Europe, nous inscrivant ainsi la première des nations.

Voilà l'homme qui, selon nous, gouverne

la France avec la sagesse la plus grande, l'intelligence la plus profonde, et qui s'efforce de faire de notre pays la nation la plus solide, la plus morale, la plus éclairée, et partant la plus digne. Ce fut toujours sa pensée, toujours son ambition : « Mon but, dit-il, c'est de faire
» que la religion et la raison l'emportent sur
» les utopies, et que la bonne cause ne tremble
» pas devant l'erreur (1). » Il l'avait, du reste, annoncé bien auparavant : « Mon concours, » écrivait-il à ses concitoyens avant le 10 décembre 1848, « mon concours est acquis
» d'avance à tout gouvernement juste et ferme
» qui rétablisse l'ordre dans les esprits comme
» dans les choses ; qui protège efficacement
» la religion, la famille, la propriété, bases
» éternelles de tout état social ; qui provoque
» les réformes possibles, calme les haines,
» reconcilie les partis, et permette ainsi à la

---

(1) 1er juillet 1851, Paroles du prince-président à son passage à Châtellerault, lors de l'inauguration du chemin de fer de Tours à Poitiers.

» patrie inquiète de compter sur un lende-
» main. »

En résumé, Napoléon III, que l'on ne comprendra bien, comme nous l'avons dit, que quand tous les éléments de discorde seront apaisés ; Napoléon III, qui, après avoir doté le peuple de maisons à lui et la France d'une capitale rebâtie dans l'espace de quelques saisons, a fait jouir d'une paix profonde l'Europe et nous, en nous environnant de l'estime et de l'admiration des nations ; Napoléon III, qui semble mettre l'oreille contre terre pour écouter la voix des multitudes, pour entendre les pleurs de bien des misères, comprend à chaque instant la grande, la noble, la sublime parole de la France, qui lui dit que, si parfois elle a soif de gloire et de bonheur, elle est surtout ambitieuse d'idées et de dignité intellectuelle.

Napoléon III a épousé, le 29 janvier 1853, Eugénie-Marie de Gusman, comtesse de Téba, née le 5 mai 1826. De ce mariage est né à

Paris, le 16 mars 1856, Napoléon-Eugène-Louis-Jean-Joseph.

Quelle différence entre Attila et Napoléon III, entre le Cinquième siècle et le Dix-neuvième ! Quelle différence entre la Barbarie et la Civilisation, entre ces deux héros, l'un du mal, l'autre du bien ; l'un de la tempête, l'autre du calme; l'un de l'agitation, l'autre du repos ! Et, par une étrange destinée, le héros de la tranquillité, l'homme de la paix, vient, après des siècles, asseoir son camp précisément à côté de celui du géant de la destruction, de l'homme de la fureur. Il envoie les beaux et vaillants enfants de la France civilisatrice à quelques pas du lieu où trépignèrent d'horreur et de massacres, avant de se faire écraser, ces hideux et terribles rejetons de la Hunie dévastatrice, et les mêmes lieux sont, à quatorze cents ans de distance, le même théâtre qui vit et le drame sanglant du cinquième siècle et qui admire les pacifiques exercices du dix-neuvième siècle.

Quoique notre parallèle entre le Roi des Huns et l'Empereur des Français ait, ce nous semble, assez fait comprendre combien est suprême la différence entre la Barbarie et la Civilisation, nos lecteurs, qui savent tant de Napoléon Ier, ou du premier empire, et qui tous les jours savent encore mieux de Napoléon III, ou du second empire, désireront peut-être connaître notre opinion sur les deux, et savoir celui auquel nous donnons la préférence.

C'est un second parallèle que nous sommes heureux de pouvoir tracer brièvement ici et que nous regardons comme une extraordinaire et admirable chose, surtout pour un esprit observateur et sérieux.

A l'époque du premier empire, l'ancien monde, ébranlé jusque dans ses fondements, s'écroulait; l'incendie révolutionnaire promenait partout ses ravages, nivelant le sol et faisant, pour ainsi dire, table rase. Plus de société, le désastre passait! plus rien, le néant allait couvrir notre belle patrie! lorsque tout-à-coup apparaît un architecte reconstructeur d'une Europe nouvelle, d'un monde nouveau, un être providentiel, en un mot, Napoléon Ier, qui, soudain, se présente et semble dire, comme les étoiles de Job : ME VOILA ! « Les flots populaires, dit Napoléon III, » s'apaisèrent à son apparition, les ruines » disparurent, et l'on vit avec étonnement » l'ordre et la prospérité sortir du même cra- » tère qui les avait engloutis (1). » La France fut un moment sous son règne la reine des nations et la maîtresse du monde. Si des revers nous firent perdre le fruit de ses conquêtes, elles eurent sur les peuples une immense influence; l'adoption de notre administration et de nos lois fit faire des progrès rapides à toutes les nations soumises par nos armes. Ainsi, dans quelques parties de l'Allemagne, et notamment dans les provinces rhénanes, des royaumes ont été fondés, des petits états supprimés, d'anciens privilèges

---

(1) Œuvres de Napoléon III; livre 1er, chap. 3.

abolis : le Code Napoléon y est devenu national.

Il n'appartient qu'à la postérité de juger Napoléon Ier en dernier ressort. Les grands tableaux historiques demandent à être vus à distance. Ce n'est que longtemps après l'accomplissement des faits qu'on peut rigoureusement déterminer leur corrélation avec ce qui les précède et ce qui les suit.

Cependant nous croyons que, dès maintenant, beaucoup peuvent juger.

Moins d'un demi-siècle s'est écoulé et un nouveau cataclysme vient rebouleverser la société ; la France est de nouveau sur le point de sombrer, et soudain apparaît, comme à heure fixe, comme à point nommé, Napoléon III ; et le vaisseau se relève et remonte majestueusement sur les flots qui allaient l'engloutir. La colonne est replacée sur sa base, et la France, notre beau pays, sortant pour ainsi dire du tombeau, éprouve une résurrection nouvelle, mais plus glorieuse que jamais, plus grande encore que celle du premier empire.

Les deux Empires, et certes, par un décret de la Providence, ont arraché la France aux horreurs du carnage, au néant de la destruction, à l'abîme ; mais comparons-les, si c'est possible, et surtout avec la plus entière impartialité :

Le premier Empire fut l'effroi des peuples ; le second Empire en est l'espérance.

Le premier Empire fit trembler la terre ; le second Empire la raffermit.

Le premier Empire aimait la guerre et faisait la paix pour recommencer la guerre ; le second Empire aime la paix, fait la guerre pour la paix ; le second Empire, C'EST LA PAIX.

Et, chose étrange, chose digne d'une méditation profonde, et qui prouve la profondeur des secrets de la Providence : à la fin du premier empire, les souverains des nations, tous les rois coalisés s'avancent, ivres de joie, et, dans leur satisfaction superbe, signent, en 1813, ces traités qu'ils croyaient devoir anéantir Napoléon Ier et sa race. Ils se vantent de sceller d'avance le tombeau du grand homme qu'ils refoulent sur la terre étrangère en l'en-

voyant mourir sur le rocher de Sainte-Hélène. Quarante ans s'écoulent à peine, et un descendant du proscrit apparaît, Napoléon III. Nouvel Alexandre, il tranche le nœud gordien, et tous ces signataires du passé se hâtent, s'empressent de reclamer le concours, l'appui de l'héritier de celui contre lequel ils s'étaient si impitoyablement, si joyeusement ligués. Oh ! c'est qu'en apposant leur sceau de colère, ils avaient oublié la signature de Dieu, et qu'ainsi ils se trouvaient réduits presque à adorer ce qu'ils avaient brisé et à briser ce qu'ils avaient adoré en face de cet homme dont la vengeance se traduit plus tard en ces mots : « Je porte
» un toast à l'union heureusement rétablie
» entre les souverains. Puisse-t-elle être du-
» rable, et elle le sera si elle repose toujours
» sur le droit, sur la justice, sur les véritables
» et légitimes intérêts des peuples ! » (1)

---

(1) 12 avril 1856, Discours de l'Empereur au banquet offert par lui aux membres du congrès de Paris.

CAMP D'ATTILA.

Au nord de la ville de Sens, dit M. Amédée Thierry, entre la vallée de l'Yonne et celle de l'Aisne, se développe, sur une longueur d'environ deux cents kilomètres, ou cinquante lieues, et une largeur de cent quarante à cent soixante, ou trente-cinq à quarante lieues, une succession de plaines coupées de rivières profondes, dont l'ensemble portait, dès le sixième siècle, le nom de Campania,

Champagne, qu'il conserve encore aujourd'hui.

A son extrémité septentrionale s'élèvent les montagnes de l'Ardenne, qui, séparant ces plaines sèches et ondulées des plaines fertiles et basses de la Belgique, présentent à l'horizon comme un mur boisé d'une hauteur presque uniforme.

Deux routes romaines se croisaient, au temps des Huns, à DUROCATALAUNUM, aujourd'hui Châlons-sur-Marne.

Attila, qui avait traversé et compris l'étendue de ce pays en revenant de Reims, avait hâte, après sa défaite devant Orléans, de venir occuper la ville de Châlons et l'immense plaine environnante qu'on appelait CHAMPS CATALAUNIQUES.

Ces champs catalauniques, autrement dits pays châlonnais, faisaient partie de la Gaule Belgique depuis que les Romains avaient divisé la Gaule.

A quelques lieues au-delà de Châlons et sur la route de cette ville à celle de Suippes, près de la station appelée dans les Itinéraires

Fanum Minervæ (Temple de Minerve), on rencontre, entre les villages de Cuperly et de la Cheppe, les précieux vestiges d'un de ces solides et considérables retranchements que les Romains élevaient pour couvrir leurs conquêtes, et dont la position commandait la voie romaine qui conduisait de Bar-le-Duc à Reims.

Ce fut le Champ de bataille des Romains et des Huns, d'Ætius et d'Attila, les deux plus fameux guerriers de l'époque, et qui commandaient chacun une armée des plus nombreuses que l'on ait jamais vues. C'est ce qui explique l'étendue considérable dont ils avaient besoin.

La tradition désigne sous le nom de Camp d'Attila ces vastes retranchements dont la construction offre toutes les règles de la castramétation romaine, et dont l'excellent état de conservation, après quatorze siècles, exclut toute idée d'un bivouac barbare disposé à la hâte. Il est tout naturel de penser que le roi des Huns, trouvant ces fortifications à sa portée, en profita comme d'une bonne fortune et se servit de l'enceinte romaine pour affermir l'assiette de son camp (1).

Ce fut donc dans le lieu nommé Mauriacus, à douze kilomètres environ de Châlons, dans les Champs Catalauniques, appelés aussi par l'évêque de Ravenne, Jornandès, Champs Mauriciens ou Mauriaciens, Campi catalaunici, qui et mauriaci vocantur, que le farouche barbare vint en toute hâte, avec ses soldats

---

(1) Les retranchements, ou le Camp dit d'*Attila*, occupent un espace presque circulaire. Un remblai de terre d'une solidité granitique, et qui ne mesure pas moins de 25 mètres de hauteur, forme un mur d'enceinte affectant dans sa coupe la forme d'une pyramide au sommet aplati. A la suite de ce premier ouvrage se trouve un fossé dont le fond a 6 mètres de largeur et qui est couronné de l'autre côté par un revêtement également en terres rapportées de 15 mètres environ d'élévation. — Ces retranchements mesurés sur les remparts, ont encore aujourd'hui 1,792 mètres de circonférence. L'espace enfermé dans ce cercle, a 245,648 mètres carrés de surface. L'ouverture, qui est au sud et celle où passe le chemin de Cuperly, paraissent avoir été faites par les cultivateurs pour faciliter l'exploitation des terres labourables qui sont comprises dans cette enceinte.

Ces fortifications sont en outre appuyées sur un petit cours d'eau, la *Noblette*, qui leur forme, du nord-ouest au sud, un rempart naturel, et dont les eaux devaient à un moment donné inonder les fossés et achever ainsi de faire de cet ouvrage un retranchement qui, pour l'époque, devait être inexpugnable.

hideux, atroces, ramassis de toutes les nations conquises, et comptant sur de larges représailles, se préparer à cette seconde grande bataille qui mit fin à son invasion, sauva la civilisation naissante de la Gaule, et fut le terme des victoires de ce brigand sanguinaire qui, depuis près de quinze ans, était comme l'Atlas du monde chancelant (1).

---

(1) On rencontre dans le voisinage du Camp d'Attila un grand nombre de tombelles.

Ces tombelles sont des cônes et des buttes en terre; il y en avait deux au sud et en vue des retranchements. L'une d'elles, élevée de 5 mètres, occupe une surface qui a 50 mètres de tour, l'autre est entièrement détruite; sa place est encore marquée par une faible inégalité de terrain. — Une tombelle très remarquable, celle de la Motte-aux-Vignes, est à 1 kilomètre du village d'Auve. — Une autre, sur une colline, aussi à 1 kilomètre d'Auve, a 26 mètres 66 centimètres de diamètre; la hauteur de son axe est de 5 mètres 55 centimètres. — Le village de Bussy-les-Mottes, situé à 4 kilomètres du camp, renferme dans son enceinte cinq grosses buttes, élevées de 20 mètres et ayant à leur base plus de 200 mètres de circonférence. — Des élévations semblables sont en grand nombre sur les territoires des communes voisines du camp, et beaucoup d'autres sont disséminées sur différents points du département. Les Annuaires de la Marne de 1810, 1811 et 1815 donnent des détails intéressants sur les fouilles faites dans quelques unes de ces élévations.

(M. BARBAT, *Histoire de Châlons*).

En octobre 1857, l'Empereur Napoléon III a ordonné des fouilles au camp d'Attila éloigné de 12 kilomètres du Camp impérial. On y a découvert des poteries, des médailles et quelques ustensiles de fer.

CAMP DE CHALONS.

La vie des camps a, de tout temps et à toute époque, été l'école du soldat. Les Romains, qui savaient par expérience combien les délices des villes étaient préjudiciables aux armées, ne considéraient la paix, dit Napoléon III, que comme un exercice, la guerre comme une application. D'une extrémité à l'autre de l'empire, et principalement sur les frontières, ils avaient des camps fortifiés dont les vestiges subsistent encore aujourd'hui. La discipline militaire s'y maintint quelque temps, tandis que les prétoriens livraient Rome à l'anarchie. C'est dans les camps, au milieu des légions, que les Germanicus, les Agricola, les Corbulon, se maintinrent purs à une époque de corruption et de décadence. Le soldat romain prenait aisément racine où il campait, et plusieurs de leurs stations militaires devinrent des villes, comme Mayence, Cologne, Nimègue, etc.

C'est du sein des camps, dit M. Adrien Pascal, que sont sortis les plus grands généraux dont la France s'honore. Sous la République, la vie des camps fut la grande école, l'école austère où se formèrent les guerriers les plus illustres de la Révolution, semblable à celle qui donnait à Rome les Fabricius et les Camille pour la gloire et le salut de leur patrie.

La position du Camp de Châlons se prête merveilleusement aux grandes manœuvres. Elle occupe le vaste plateau qui s'étend entre la Marne, l'Aisne et la vallée d'Argonne, pays peu accidenté, coupé de petites rivières, très favorable au déploiement des grandes armées. C'est le champ de bataille classique.

Le terrain se compose de terres sèches, reposant sur un sous-sol de gravier crayeux extrêmement friable.

Placé entre les rivières la Suippe et la Vesle, qui le bornent à l'est et à l'ouest, le Camp de Châlons a pour extrême limite, au nord, un ruisseau nommé le Cheneu, ou la Chenue, dont le cours ombragé de peupliers et de saules, lui forme de ce côté un pittoresque horizon de verdure.

La limite, au sud, est formée par la route qui va de Châlons à la petite ville de Suippes.

Le périmètre du terrain militaire dont l'étendue est d'une contenance de 12,000 hectares environ, est juste trois cents fois plus grand que le Champ-de-Mars de Paris, dont la superficie est de 40 hectares seulement.

Il était impossible, ajoute M. Ch. Bousquet, de trouver un emplacement qui répondît mieux, sous tous les rapports, à la destination d'un camp. En dehors de sa situation exceptionnelle entre trois cours d'eau, et des accidents nombreux du sol qui le rendent propre aux mille combinaisons nécessaires pour l'exécution des manœuvres qui doivent être l'image de la guerre, le plateau où est assis le Camp de Châlons offre encore un avantage bien plus précieux : jamais le sol n'y est humide, grâce à la nature absorbante du sous-sol composé d'un gravier crayeux. La couche de craie ne se montre, en effet, dans la plus grande partie de son étendue, qu'à un mètre de profondeur, et, si elle arrive parfois jusqu'à la surface, c'est seulement dans de rares contrées et sur des étendues peu considérables.

Tel est l'emplacement choisi par l'Empereur, emplacement qui, il y a deux ans, était morne et silencieux, et qui voit maintenant son sol couvert de nos braves soldats, trépigner sous le pied de leurs chevaux, et résonner sous le fracas de leurs armes.

Napoléon Ier, qui comprenait l'importance stratégique de Châlons, avait projeté d'y établir un camp qui eût pu alors sauver la France de l'invasion.

La résidence de l'Empereur au Camp se compose d'un grand pavillon peint extérieurement en imitation de coutil rayé blanc et bleu ; c'est la demeure proprement dite de Sa Majesté. Le pavillon impérial est à l'intérieur d'une grande simplicité : une antichambre, un cabinet de toilette, un petit salon et une chambre à coucher, voilà pour la distribution. L'ameublement, quoique très confortable, est aussi des plus simples. A droite et à gauche du pavillon-tente s'élèvent deux châlets qui forment le complément de la demeure de Sa Majesté. Ces deux constructions très élégantes n'ont également qu'un rez-de-chaussée. Celui de droite contient un salon de reception, celui de gauche la salle à manger.

En arrière de ces constructions s'élèvent des baraques pour le télégraphe, pour les gens de service ; des écuries et remises, puis des tentes de différentes formes installées çà et là d'une façon pittoresque, au milieu d'un petit bois de sapins nains d'un effet très agréable.

La réunion de ces différentes constructions forme comme un grand village occupant un vaste parallélogramme sur une éminence d'où l'on aperçoit presque tout le Camp.

Le Camp est relié à la ville de Châlons par un embranchement de chemin de fer qui a été inauguré le 15 septembre 1857.

Cet embranchement se détache de la ligne de Paris à Strasbourg, à l'ouest et à douze cents mètres environ de la gare de Châlons. Il coupe obliquement la vallée de la Marne en se dirigeant à droite sur le village de Saint-Martin, à l'ouest duquel il traverse la Marne et le canal latéral à cette rivière.

La nature du terrain a nécessité l'établissement de trois estacades en charpente : la première de 97 travées de 6 mètres, dans la vallée de la Marne ; la seconde de 16 travées, dans la vallée de la Vesle, et la troisième de 17 travées pour la traversée du ruisseau le Cheneu. La première offre un développement de 582 mètres.

Le développement total du chemin de fer du Camp, depuis son point de bifurcation avec la ligne de l'Est jusqu'à Mourmelon-le-Petit, où il se termine, est de 25 kilomètres.

On a construit sur la Marne un pont de dix travées et un pont sur le canal latéral de l'Aisne à la Marne.

Uue route stratégique conduit de la station de Mourmelon au Quartier-Général qui en est éloigné d'un peu plus d'un kilomètre. Elle longe les magasins de fourrage et la boulangerie, tourne et descend par une pente légère jusqu'au ruisseau le CHENEU qu'elle traverse sur un pont rustique ; elle remonte ensuite et arrive au Quartier-Général.

C'est là qu'en 1857 est venue se poser une armée d'élite de plus de 22,000 hommes, et composée des régiments de la Garde, pour inaugurer ce Camp, où doivent passer successivement tous les braves de la France, tous ces cœurs valeureux, dont l'âme, comme un seul écho, ne sait que répéter le nom de la patrie, que vibrer pour sa gloire. C'est là que sont venus, viennent et viendront, à deux pas des vieux Tartares, de ces essaims destructeurs conduits par Attila, les vainqueurs tout frais des descendants de ce roi farouche, nos nobles frères, de retour de la terre étrangère, où ils étaient allés poser une barrière de respect, de nationalité, de civilisation, et dire fièrement aux Cosaques devant Sébastopol, comme Dieu à la mer orageuse et soulevée : Tu n'iras pas plus loin ; ici doit se briser la fureur de tes flots !

Quelle étrange, quelle merveilleuse chose que de voir ces Huns atroces, ces dévastateurs sans pitié ni merci, ces rêveurs insensés de la conquête du monde, anéantis au cinquième siècle sur le même sol, dans la même contrée, sur le même théâtre, où, après quatorze siècles, les fils de leurs vainqueurs et les vainqueurs de leurs fils apparaissent glorieux et calmes pour essayer de nouvelles forces, se préparer à de nouvelles luttes et pour de nouveaux lauriers ! de contempler cette belle armée qui fit tant en Crimée, sur cette terre d'où elle a rapporté son baptême de gloire, sur cette terre que les Huns envahirent et possédèrent jusqu'au quatrième siècle ; Ces zouaves, vaillants et uniques, au teint bronzé, à la figure ironique de bravoure ; Ces chasseurs d'Afrique, légers comme la gazelle, emportés comme un tourbillon; ces tirailleurs de Vincennes, belle institution d'une autre époque, au coup d'œil de Gêtes; Ces soldats de toute arme qui, sur les bords de l'Hellespont et du Palus-Mœotis, ont appris au monde la valeur des armes, le courage du cœur, la générosité de l'âme, la gaîté de l'esprit, la courtoisie des manières; Ces Français, enfin, qui à Inkermann, sur les hauteurs de l'Alma, à Eupatoria, à Traktir, Malakoff et Sébastopol, ont jeté les semences de cette civilisation chevaleresque qui, courant par tout l'Univers, doit rendre, pour ainsi dire solidaires les unes des autres, toutes les nations du globe, et leur inscrira au front, franchement et sans arrière pensée, le nom glorieux de la FRANCE et de NAPOLÉON III.

UN MOT SUR NAPOLÉON 1er.

Après avoir fait le parallèle entre la Barbarie et la Civilisation, entre le Cinquième et le Dix-neuvième siècles, entre Attila et Napoléon III, n'est-il pas naturel, n'est-il pas même de notre devoir de parler de Napoléon Ier, de faire ici son portrait ?

Après nous être promenés dans cette brillante et illustre Champagne, théâtre de tant de valeureuses et magnifiques choses, rendez-vous des Rois et des Empereurs épuisés, de ces têtes couronnées qui virent les sublimes et suprêmes efforts de nos guerriers, dignes descendants de ceux qui ne CRAIGNAIENT QUE LA CHUTE DU CIEL ; n'est-il pas juste de dire un MOT sur Napoléon 1er, sur ce guerrier magnanime destiné par la Providence à montrer dans sa personne toutes les extrémités des choses humaines ; sur Napoléon 1er qui, seul contre l'Europe conjurée, frappa ses derniers coups, épuisa ses dernières ressources dans nos plaines à jamais célèbres, et qui, après avoir, par l'ascendant de son génie, par la terreur de son nom, balancé longtemps, dans une lutte inégale, les arrêts du destin, après avoir parcouru à pas de géant toutes les routes de la gloire, fut trahi par le sort, et trouva dans ces mêmes lieux le terme de sa gloire, puis alla terminer, sur la terre étrangère, une vie de prodiges par un martyre glorieux ?

C'est donc avec orgueil, avec joie que nous terminons notre travail pas le portrait de ce grand homme.

Nous ne pouvions certes mieux choisir notre temps. En ce moment les braves qui ont promené ses aigles triomphantes de l'Italie aux Pyramides, de Madrid à Moscou, et teint, en dernier lieu, de leur sang nos vastes plaines, viennent de voir se réaliser le dernier vœu du martyr de Sainte-Hélène. Aujourd'hui brille à leur boutonnière le signe de leur bravoure ; sur leur poitrine repose cette médaille qui fait de tous les soldats de la Grande-Armée une même famille, qui dit à tous : Celui qui la porte fut un brave ; cette médaille, dernier souvenir du 1er Napoléon, le héros de la sublime épopée impériale, et dont on retrouve la mémoire dans le monde entier, sous la tente de l'Arabe, aussi bien que sous le chaume du pauvre.

L'Empereur Napoléon Ier, était d'une taille moyenne (5 pieds 2 pouces) mais bien prise ; il avait les pieds et les mains d'une finesse extrême, la jambe bien faite et charnue, les cuisses rondes, le buste bien posé, le cou un peu court, et une de ces vastes poitrines ou un grand cœur peut battre à l'aise. Toute sa démarche était noble et imposante ; sa tête quoiqu'un peu grosse, était d'une beauté antique. L'ovale de son visage offrait une régularité parfaite. Il avait le front haut, vaste et découvert, les cheveux bruns, le teint pâle. L'ensemble de ses traits était généralement calme et grave ; mais quand l'Empereur était animé par une volonté bienveillante, la sévérité naturelle de sa physionomie faisait place à la mine la plus gracieuse ; son sourire alors avait un attrait irrésistible.

Physiquement, Napoléon-Bonaparte, étant général, ne paraissait guère remarquable que par la maigreur de son corps, par la pâleur de son visage (que rendait plus pâle encore l'expression vive de son regard perçant comme celui de l'aigle), et par ses longs cheveux poudrés taillés carrément, tombant sur les deux côtés de la tête et cachant entièrement ses oreilles.

Lorsqu'il devint Consul, son extrême maigreur, bien qu'il fut encore très mince, avait déjà disparu. Ses longs cheveux étaient coupés, et le grand caractère de sa figure, débarrassé de cet ornement de mode et de mauvais goût, commençait à se faire distinguer. Ce n'est que vers le milieu de son règne comme Empereur que la beauté naturelle de son visage acquit toute sa perfection, ainsi qu'on peut le voir en comparant les monnaies du Consulat avec celles de l'Empire. Son teint s'était éclairci ; ses cheveux courts laissaient à nu son front élevé, siège et emblême du génie. Son corps avait de l'embonpoint; cet embonpoint augmenta par la suite à Sainte-Hélène, accroissement que le défaut d'exercice, le manque de liberté expliquent suffisamment.

Le tempéramment de Napoléon Ier était extraordinaire comme son génie. Il avait un corps de feu, capable de supporter les plus grandes fatigues. Il n'était sujet à aucune maladie ; il dormait peu, et avait la précieuse faculté d'interrompre et de reprendre à volonté son sommeil. Quand il voulait dormir, tous les endroits lui étaient bons : l'alcôve impériale comme le coin d'un fossé, la planche du lit de camp ou la terre du bivouac. Sa vie était frugale, son appétit modéré, ses goûts faciles à contenter. Il mangeait sobrement et vîte, buvait peu de vin, peu de café. Il ne prenait pas de tabac, comme on le croit communément, mais il aimait à en respirer fréquemment l'odeur.

Prodigue quand il s'agissait d'embellir sa capitale, d'ouvrir des routes, de creuser des canaux, il réglait avec une stricte économie les dépenses particulières de sa maison, dont le luxe effaçait néanmoins celui des autres Cours de l'Europe. Il voulait voir dans son palais ses généraux chamarrés et dorés, tandis que lui, modeste dans ses habillements, n'était ordinairement revêtu que d'un simple uniforme de colonel de sa garde, sans aucune broderie, que dans les journées pluvieuses il recouvrait d'une redingote dont la couleur grise est bien connue. Il portait un chapeau militaire coupé d'une façon particulière, sans galons, sans torsades, sans panache, orné seulement d'une cocarde tricolore attachée par une ganse de soie noire.

Au commencement de son règne, on ne lui vit longtemps d'autres décorations que la plaque de la Légion d'honneur avec une simple croix en argent, qu'il détachait souvent de sa boutonnière pour récompenser le mérite et la bravoure. Plus tard il y ajouta la couronne de fer italienne.

Napoléon Ier était naturellement affable et poli avec tous, bon et facile avec le peuple et ses soldats, plus sévère et plus réservé avec ses généraux et ses ministres. Il avait tantôt la parole haute et brève, tantôt la voix douce et caressante; sa conversation variée abondait en observations fines, en traits remarquables, en pensées profondes; c'était parfois comme une tempête avec des éclairs de génie dont les lueurs illuminaient toutes les questions.

Béranger trouvait qu'il était le plus grand poète des temps modernes. Ses proclamations prouvent qu'il était l'homme le plus éloquent.

Napoléon Ier avait une activité qui tenait du prodige. A l'armée, pendant le jour, il parcourait à cheval, et toujours au galop, les lignes occupées par ses troupes, faisant ainsi souvent plus de vingt lieues sans paraître fatigué. La nuit, il dictait ses ordres, ses bulletins, ses proclamations, ses décrets. Du fonds de sa tente il gouvernait l'Empire et dominait l'Europe (1).

Lorsqu'une trêve ou une paix le ramenait à Paris, son séjour dans la Capitale n'avait pas un temps de repos et d'inaction. Il travaillait avec ses ministres, assistait aux séances du Conseil d'Etat, où s'élaboraient ces Codes qui honorent son règne presque à l'égal de ses victoires; puis il se délassait de ses travaux de cabinet par des courses dans la ville, visitant, tantôt à pied, tantôt à cheval, toujours

---

(1) J'ai connu, disait-il, la fin de mes yeux ; j'ai connu la fin de mes jambes ; je n'ai jamais connu celle de mon travail.

sans escorte et fréquemment sans suite, les ateliers, se mêlant aux ouvriers, interrogeant le peuple pour connaître par lui-même et ses vœux et ses besoins « car, disait-il, le peuple, » c'est ma famille. »

Napoléon Ier, né le 15 août 1769, à Ajaccio (Corse), était entré à l'école militaire de Brienne en 1779. Il fut nommé lieutenant au premier régiment d'artillerie de La Fère le 1er septembre 1785; Capitaine dans le régiment d'artillerie de Grenoble, n° 4, le 6 février 1792 ; Chef de bataillon devant Toulouse le 19 octobre 1793 ; Général de brigade d'artillerie le 27 janvier 1794, Général de division en 1795 ; 1er Consul pour dix ans le 9 novembre 1799 (18 brumaire); Consul à vie en 1802, sacré EMPEREUR le 2 décembre 1804, et mort à Sainte-Hélène (Afrique) le 5 mai 1821.

Ses cendres, ramenées en France, en 1840, reposent maintenant sous le dôme des Invalides, au milieu des guerriers témoins de ses victoires.

Napoléon Ier a laissé un fils qui reçut en

naissant le titre de Roi de Rome, 20 mars 1811, et qui fut proclamé Empereur en 1815, sous le nom de Napoléon II. Transféré en Autriche sous le titre de duc de Reichstadt, ce prince y est mort, le 22 juillet 1832, sans avoir gouverné et sans postérité.

CHALONS-SUR-MARNE. — IMPRIMERIE E. LAURENT.

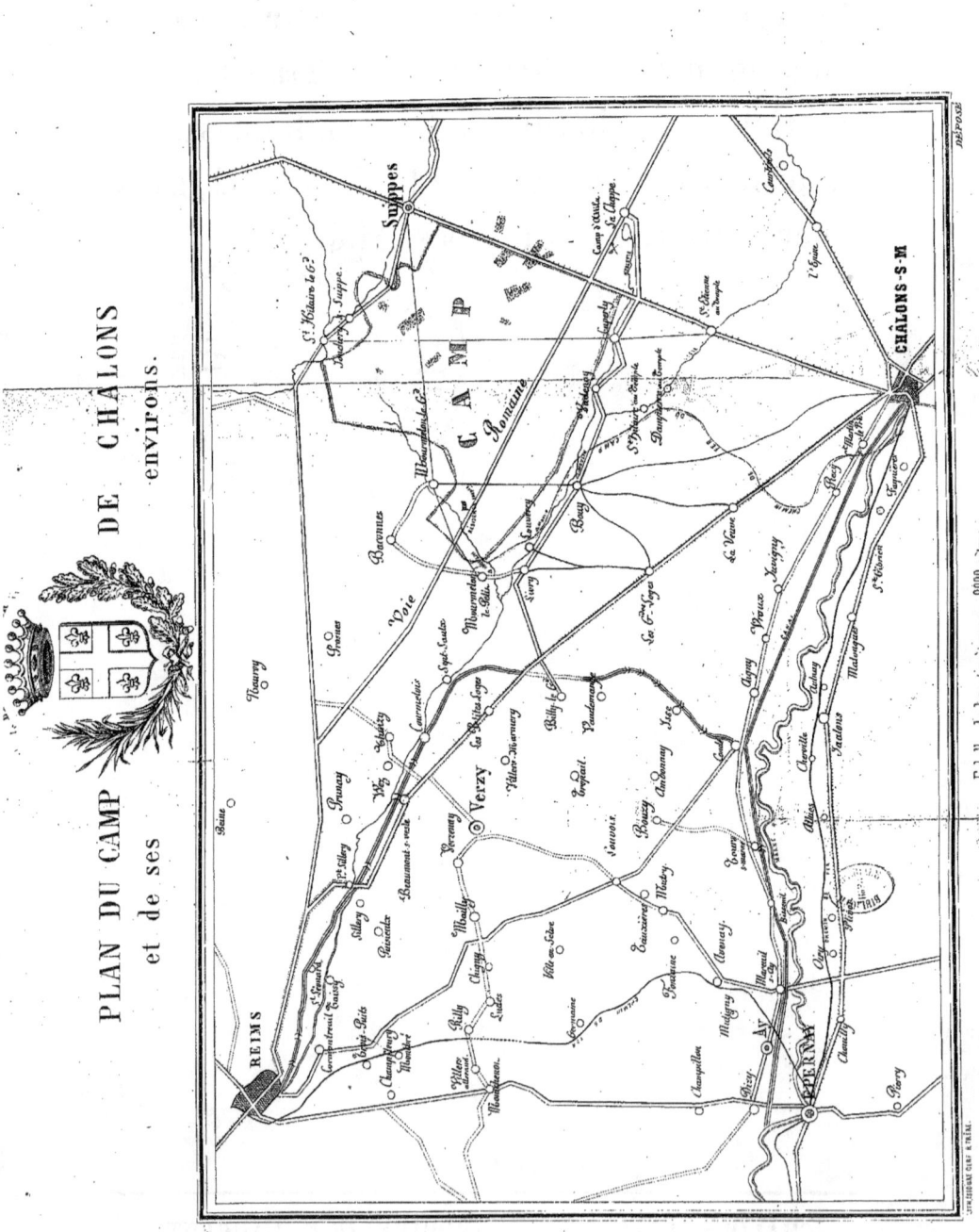

PLAN DU CAMP DE CHÂLONS et de ses environs.

www.ingramcontent.com/pod-product-compliance
Lightning Source LLC
Chambersburg PA
CBHW070304100426
42743CB00011B/2343